**Autres Livres-Cadeaux dans cette collection**

Au Papa le plus formidable
À la Petite-fille la plus formidable
À la Mamie la plus formidable
Je te souhaite une Vie Heureuse
Je pense à Toi


20, rue de Genval • BE-1301 Bierges • info@helenexley.fr • www.helenexley.fr

Publié en 2014 par Helen Exley® en Grande Bretagne.


DL : 7003/2014/12
ISBN 978-2-87388-7629

12 11 10 9 8 7 6 5 4 3 2 1

Imprimé en Chine. 

# À la Soeur *la plus formidable*

ILLUSTRATIONS DE JULIETTE CLARKE

TEXTES DE ODILE DORMEUIL

HELEN EXLEY®

Joyeux Anniversaire.

# Toi...

Parfois tu me laisses perplexe.
Parfois tu m'énerves.
Parfois tu me perturbes.
Mais toujours et à jamais,
tu es ma sœur.
Et je ne t'échangerais
pour rien au monde.

Ta Sœur Anne

~

Mars 2025

Patience

Amour

Bonté

Indulgence

Les sœurs sont les personnes
sur lesquelles nous nous modelons,
les personnes qui nous enseignent
l'impartialité, la gentillesse et la bonté.

Les petites sœurs sont là
pour aiguiser notre humanité
– c'est ce qu'elles font.

Quiconque a une sœur,
a de l'avance sur tout le monde
en matière de survie sociale.

Toi et moi...
Au fil des ans, nous avons appris
à faire preuve de patience, de compréhension,
à aimer et à pardonner.

# Fan N°1

Alors que tu acceptes
gracieusement les applaudissements,
que tu souris, souris, et que tu sembles
merveilleuse, ta sœur t'attend
avec une bassine d'eau chaude
pour tremper tes pieds et une tasse de thé.

## Les sœurs nous couvrent, sans dire un mot.

Les sœurs gardent un secret
aussi longtemps que nécessaire,
et parfois pour toujours.

"Tu t'en souviens ?"
Ravive les souvenirs de ciels d'été,
de chants aigus d'alouettes,
d'herbes hautes.
L'avenir est rempli
de projets et de désirs.

*Les sœurs sont liées par*

Il y a quelque chose de magique
dans le fait de se promener
main dans la main avec sa petite sœur,
en sécurité et en confiance.

*un tissu de **souvenirs.***

# Catastrophe !

Il a été clairement prouvé que les sœurs ont toujours besoin de la salle de bain, des toilettes, du sèche-cheveux, du grand miroir et d'un livre de classe exactement au même moment.

Aucune de nos possessions, qu'il s'agisse d'une robe, de chaussures, de collants ou de maquillage, n'est à l'abri d'une sœur qui se prépare pour une soirée.

Une sœur harcèle et agace, chuchote et murmure, soudoie, écrase, emprunte, casse et accueille.

“Au secours ! Venez m'aider ! Elle a piqué ma camisole !”

# *Surprise!*

Le paquet-cadeau contenant la surprise
la plus extravagante vient de ta sœur.

Pour les occasions spéciales,
une sœur nous offre ce que nous convoitions depuis six mois et qu'elle avait acheté dans notre dos sans que nous nous en doutions.

Même quand ta sœur n'a plus un sou,
elle arrive toujours à te trouver
un cadeau d'anniversaire épatant.

Nos amis connaissent la version
légèrement expurgée de notre vie.
Les sœurs connaissent toute la vérité.

Des autres, nous en savons beaucoup
ou peu de chose… autant qu'ils dévoilent,
autant que nous découvrons.
Seuls frères et sœurs savent
tous les uns des autres.

Peu importe ce que le monde pense de toi –
une sœur sait réellement qui tu es.
Et c'est ce qui nous fait garder
les pieds sur terre.

# Unité

En dépit des différences,
des disputes, des jalousies,
nous sommes unies d'une façon
que personne d'autre ne peut comprendre.
Nous en savons tellement l'une sur l'autre
que nous n'avons pas besoin d'explications.

Vous n'êtes pas obligées
de vous aimer ni de vous apprécier.
Mais vous avez besoin l'une de l'autre.
Vos racines sont entremêlées.

# Sœurs pour toujours

La sœur ratatinée
dans le landau de poupée.
La sœur assise sur la balançoire.
La sœur à la traîne
lors de la marche sponsorisée.
La sœur étalée par terre dans la boue.
Cette même sœur aux cheveux blancs
assise en face de moi,
à la table d'un café,
mangeant un éclair,
souriante, bienveillante,
inchangée.

# Sans

Que ferais-je si tu n'étais pas là
pour sécher mes larmes,
garder mes secrets,
écouter mes inquiétudes,
t'émerveiller face à quelque chose
de spécial qui m'est arrivé ?
À quoi rimerait la réussite

# toi

si tu n'étais pas là pour l'applaudir ?
Et comment pourrais-je me relever
d'une déception si tu n'étais pas là
pour m'épauler et me redonner espoir ?
Je te souhaite autant de bonheur
et de compagnie que tu m'en as donnés.

Invariablement – c'est ta sœur
qui découvre en premier ce que tu as fait.

## Une sœur se laisse rarement duper.

Toutes les sœurs disposent d'une foule d'histoires embarrassantes prêtes à être dévoilées au moment le plus opportun.

# Elle sait tout

Une sœur connaît toutes
nos meilleures histoires mieux que nous,
et a souvent tendance à nous remettre
à notre place !

Les sœurs en savent trop
sur notre passé.
Et elles ont une véritable
mémoire d'éléphant.

Qui salue la nouvelle de votre plus récente réussite en déclarant : "Génial. Je t'avais dit que tu y arriverais."?

Quel plaisir tirer de la réussite de vos examens sans sœur à prendre dans ses bras ?

*"Si tu échoues,
je soupire pour toi.
Si tu réussis,
je fêterai cela
et partagerai ta joie."*

# Compréhension...

Une sœur résout les problèmes
d'arithmétique et de tricot,
et en grandissant, elle écoute
nos problèmes et nos inquiétudes.

Une sœur sait
quand nous invectiver
et quand nous prendre dans ses
**bras.**

Elle est la seule personne à qui nous pouvons faire confiance pour nous dire la vérité en ce qui concerne notre apparence, notre tenue, nos nouvelles lunettes. Ma sœur.

Nous partageons quelque chose
de spécial et d'unique.
Parce que nous sommes sœurs,
nous nous comprenons l'une l'autre
à presque tous les niveaux.

# L'horrible vérité

Au moindre signe de suffisance ou de supériorité, une sœur nous refroidit et nous remet à notre place.

Une sœur est généralement la personne qui nous dira la vérité sans l'embellir.

Une sœur se rappelle de choses
à notre sujet que nous préfèrerions oublier.
En détails… et avec preuves à l'appui.

Que nous soyons une star
ou un PDG à qui sourient richesse
et célébrité, une sœur sera toujours
en possession de l'album de photos de famille
et d'une excellente mémoire !

Dans les moments difficiles,
une sœur nous réprimande et nous sauve,
puis sourit et nous prépare une tasse de thé.

La solidarité fraternelle peut sommeiller
pendant des années, puis soudain,
une urgence survient et un coup de téléphone
d'une heure et des conseils s'ensuivent.

# À la rescousse !

Pour toutes les fois où tu m'as redonné une apparence décente avant que papa ne me voie, pour m'avoir aidé à apprendre la terrible table de neuf, pour avoir mis un coup de poing dans le nez de Marius Jacob, pour avoir cousu l'ourlet de mon meilleur tailleur. **Merci !**

Pour m'avoir emprunté mon rouge à lèvres,
mes chaussures, mes collants…
et même ma plus belle robe de fête, pour avoir
mangé mes chocolats : je te pardonne.

*Je suis bien obligée,*
*parce que je t'ai*
*emprunté la tienne.*

Le pire cauchemar pour une sœur
c'est d'avoir emprunté ton plus beau top
et de l'avoir taché avec du jus de cassis.

Que ferions-nous sans une sœur
avec qui tout partager ?
Collants, chaussures, maquillage
et PV de stationnement.

Nous nous sommes exercées
l'une sur l'autre quand nous étions petites,
nous nous sommes exercées à devenir adultes.
Nous nous sommes disputées, puis réconciliées.
Nous avons appris ce qu'est
l'amour et comment s'entraider
dans les moments difficiles.

# *Nous étions si petites*

Nous étions si petites,
si vulnérables et pourtant nous avions
des projets, toi et moi ensemble.

Lorsque l'on se retrouve entre sœurs,
on a tendance à finir dans la cuisine,
retirer ses chaussures
et parler encore et encore.

Bla ! Bla !

Quand on arrive chez sa sœur,
on laisse toutes ses excuses
et ses prétentions au vestiaire.

Une sœur écoute lorsque
personne d'autre n'a le temps.

Bla !

Une sœur n'a pas besoin d'explications
détaillées ni de phrases complètes…

Il est toujours agréable de sortir entre amis,
mais plus que tout, passer une journée
avec sa sœur est encore meilleur.
Pas besoin d'essayer de l'impressionner,
cela la ferait rire.

On s'est disputées pour des bricoles.
On s'est raconté des histoires.
On a pris possession des affaires de l'autre sans permission. Et pourtant on s'est battue côte à côte contre l'autorité. On s'est prêté main-forte pour faire nos devoirs.
Et on s'est réconfortées l'une et l'autre.

Une grande sœur nous met tout sur le dos.
Un scarabée mort au fond de son lit devrait rééquilibrer la balance !

# GUERRE CIVILE !

Nous sommes rarement d'accord. Nous nous souvenons de tout d'une façon différente. Nous désapprouvons nos choix personnels. Nos habitudes respectives nous rendent folles. Mais nous ne pouvons pas vivre l'une sans l'autre.

# Un passé commun

Quoi que tu dises sur ton passé,
ta sœur sera toujours en possession
du manuscrit original.

Les sœurs partagent leurs souvenirs
d'enfance, leurs journées passées à la plage
et leurs visites au zoo, les livres et les jouets
qui leur sont chers, les animaux de compagnie
qu'elles ont connus et aimés,
leurs catastrophes, excitations, victoires,
l'odeur de leur maison familiale.

Une sœur peut calmer nos peurs
parce qu'elle sait d'où elles émanent.

Tu as réquisitionné mon ordinateur
et parfois même mes livres de classe.
Mes stylos et mon rapporteur
étaient à ta disposition.
Tu as monopolisé le téléphone.
Mais je n'aurais jamais rien compris
en physique sans ton aide, ou en histoire.

Tu m'as présenté Mozart et prêté ton Chanel.
Alors je ne peux pas t'en vouloir.
Et si je ne t'ai pas déjà dit merci,
je le fais aujourd'hui.
Tu es ma sœur et tu as changé ma vie.

Nous dérivons avec le temps jusqu'au jour
où le monde qui nous entoure nous
est étranger. Nous ne reconnaissons
plus ce monde de nouvelles technologies
et coutumes, modes et langues.
Nous avons l'impression que notre propre
monde a disparu et a été oublié.

Jusqu'à ce que nous retrouvions notre
sœur et nos frères, déguisés comme nous
dans une peau flasque, et que nous
nous rendions compte qu'ils n'ont pas
changé depuis notre enfance.
En nous cohabitent toutes les personnes que
nous avons été et le temps ne nous altère pas.

Quels que soient leurs différends,
les sœurs s'entraident.

Dans les moments difficiles, je me serais effondrée si tu n'avais pas été là pour m'épauler.

Je possède quelques compétences,
certaines sont même plutôt bizarres,
mais elles sont toutes à ta disposition,
à tout instant.

# *Acte de gentillesse*

AVEC L'ÂGE LES SŒURS
DEVIENNENT PLUS PRÉCIEUSES,
LES ANNÉES SONT ILLUMINÉES
D'ACTES DE GENTILLESSE
ET DE RÉMINISCENCE.

C'est aux côtés d'une sœur
qu'on découvre l'art du partage
et de la gentillesse.

Plutôt que de perdre
du temps à discuter,
elle se penche sur les considérations
pratiques, qu'il s'agisse d'un lit pour
une nuit, d'un prêt, d'un médecin,
d'un avocat ou tout simplement
de conseils judicieux et embarrassants.

# Loin de toi...

À qui téléphoner quand il se passe quelque chose de merveilleux ? À toi, bien évidemment. Les choses ne sont jamais aussi merveilleuses que lorsque je les partage avec toi.

## Le temps et l'éloignement n'ont aucun effet sur les sœurs qui s'aiment.

J'ai souvent l'impression qu'elle est toujours à l'intérieur de moi et qu'elle m'aide à donner un sens à mes nouvelles expériences. Je me dis parfois : "oh, elle aurait aimé cela".

# L'AMOUR CRÉE DES LIENS

Nous éprouverons de grands amours
dans notre vie, mais nul ne sera aussi
profondément enraciné que celui
qui existe entre frères et sœurs.

Elle fait partie de moi et je fais
partie d'elle. Jusqu'à la fin de nos jours,
nous ferons partie de nos vies respectives.
Que nous soyons éloignées
ou différentes l'une de l'autre,
nous sommes indispensables l'une à l'autre.

# Si proche.
# Si chère.
# Ma sœur.

Avoir une sœur,
c'est avoir une paire d'yeux,
d'oreilles et de mains supplémentaires.

Idéalement, tout le monde
devrait avoir une sœur
avec qui partager joies et peines.
Une sœur toujours présente
et à vos côtés pour toujours.

Tu vis dans ma vie.
Je vis dans la tienne.

Tu as été ma camarade,
ma meilleure amie toute ma vie.
J'ai besoin de toi.
J'espère que tu as besoin
de moi également.
Ensemble, nous pouvons affronter
n'importe quoi !

## Les livres-cadeaux Helen Exley®

Depuis plus de vingt-sept ans, Helen Exley crée de fabuleux livres-cadeaux. Ses lecteurs dans le monde entier ont acheté plus de 108 millions de ses livres, traduits en trente-sept langues. Comme il s'agit de cadeaux, Helen Exley ne ménage aucun effort pour que chaque ouvrage soit aussi riche de signification que possible, pour celui qui l'offre comme pour celui qui le reçoit.

Helen Exley et son équipe sélectionnent les meilleures citations extraites de centaines de sources pour composer ces recueils. Avec un soin infini, Helen compose chaque page de chaque livre en veillant à rehausser chaque texte par une mise en page conférant toute sa profondeur et toute sa sagesse à l'ouvrage.

20, rue de Genval
BE 1301 Bierges

info@helenexley.fr
www.helenexley.fr

Imprimé en Chine.


DL : 7003/2014/12
ISBN : 978-87388-7629